Nikolay Herber

Das Schicksal der stillen Gesellschaft als hybride Finanzierungsform bei einer grenzüberschreitenden Verschmelzung

Schutz des stillen Gesellschafters im europäischen Kontext

GRIN Verlag

Bibliografische Information der Deutschen Nationalbibliothek:

Die Deutsche Bibliothek verzeichnet diese Publikation in der Deutschen National-
bibliografie; detaillierte bibliografische Daten sind im Internet über http://dnb.d-
nb.de/ abrufbar.

Impressum:

Copyright © 2010 GRIN Verlag GmbH
Druck und Bindung: Books on Demand GmbH, Norderstedt Germany
ISBN: 978-3-656-40197-1

Dieses Buch bei GRIN:

http://www.grin.com/de/e-book/203747/das-schicksal-der-stillen-gesellschaft-als-
hybride-finanzierungsform-bei

Masterstudiengang internationales Wirtschafts- & Steuerrecht LL.M.

PROJEKTARBEIT IM MODUL INTERNATIONALE UNTERNEHMENSORGANISATION

Herber, Nikolay

Schutz des stillen Gesellschafters im europäischen Kontext

Fragestellung:

Inwieweit ist der stille Gesellschafter eines Handelsgewerbes geschützt, wenn das Handelsgewerbe als SE firmiert und Ihren Verwaltungssitz in zulässiger Weise aus Deutschland in ein anderes europäisches Land verlegt?

Inhaltsverzeichnis

Abkürzungsverzeichnis

h.M.	in der einschlägigen Fachliteratur herrschende Meinung
SE	Societas Europaea
HGB	Handelsgesetzbuch
BGB	Bürgerliches Gesetzbuch
SE-VO	Verordnung (EG) Nr. 2157/2001 über das Statut der Europäischen Gesellschaft
SEAG	Gesetz zur Ausführung der Verordnung (EG) Nr. 2157/2001 über das Statut der Europäischen Gesellschaft (SE) (SE-Ausführungsgesetz - SEAG)
Art.	Artikel
Rom I – VO	VERORDNUNG (EG) Nr. 593/2008 DES EUROPÄISCHEN PARLAMENTS UND DES RATES vom 17. Juni 2008 über das auf vertragliche Schuldverhältnisse anzuwendende Recht
Vgl.	vergleiche
UmwG	Umwandlungsgesetz
Abs.	Absatz
Buchst.	Buchstabe
EuGH	Europäischer Gerichtshof
EGBGB	Gesetz zur Einführung des Bürgerlichen Gesetzbuchs
Rz.	Randziffer oder auch Randnummer

Literaturverzeichnis

Eugen Klunzinger Grundzüge des Gesellschaftsrechts 15. Auflage

Baumbach/Hopt Kommentar zum Handelsgesetzbuch 29. Aufl.

Kübler/Assmann Gesellschaftsrecht 6. Aufl.

Karsten Schmidt Gesellschaftsrecht 4. Aufl.

Ebenroth/Boujong/Joost/Strohn Kommentar zum Handelsgesetzbuch 2008 2. Aufl.

Münchener Handbuch des Gesellschaftsrechts, Band 2, 3. Aufl. 2009 (über die Datenbank Beck-online)

Münchner Kommentar zum Aktiengesetz 3. Aufl. 2008 (über die Datenbank Beck-online)

Kompakt-Kommentar Umwandlungsrecht Jürgen Keßler/Manfred Kühnberger

Sedlmayer: Stiller Gesellschafter in der Umwandlung des Geschäftsinhabers in DNotZ 2003, Seite 611

Einführung in die Problemstellung

Die stille Gesellschaft hatte im Laufe der Zeit erheblich an Bedeutung verloren. Während in der Vergangenheit beispielsweise viele Banken eine Struktur mit einer stillen Beteiligung im eigenen Konzern aufgebaut hatten, weil dies steuerrechtliche Vorteile bot, war dieser Zweck in der Zwischenzeit völlig nebensächlich geworden. Die stille Gesellschaft erfreute sich jedoch neuer Anerkennung als Mezzanine-Finanzierungsform im Rahmen des Private Equity Investments oder nunmehr in der Finanzkrise als Unterstützung von in die Krise geratenen Gesellschaften, da sie sich hervorragend zur Stärkung und Aufstockung der Kapitalbasis eines Unternehmens eignet und dem stillen Gesellschafter gleichzeitig ein gewisses Maß an Kontrollrechten zubilligt.

Doch wie schlägt sich das im deutschen Handelsgesetzbuch geregelte Instrument der stillen Gesellschaft im europäischen Bereich? Welches Recht ist anwendbar und ist ein stiller Gesellschafter entsprechend den Regelungen des HGB geschützt - auch ohne vielfältige Ergänzungen im Gesellschaftervertrag? Dieser Frage möchte ich mich im Folgenden vor dem Hintergrund nähern, dass eine stille Gesellschaft originär als bloße Innengesellschaft keinen formellen Sitz erfordert. Nach h.M. in der Literatur richtet dieser sich vielmehr nach dem Sitz der Gesellschaft, an dem die stille Beteiligung besteht. Insgesamt war lange strittig, wie Kapitalgesellschaften, die im Inland wirksam gegründet wurden anzusehen und zu behandeln seien, wenn diese Ihren Sitz aus Deutschland heraus verlegen möchten. Eine in Europa grenzüberschreitende Sitzverlegung lässt nun erstmals die europäische SE, die einer deutschen Aktiengesellschaft vergleichbar ist zu. Deswegen sollen die folgenden Betrachtungen auf Grund einer stillen Beteiligung entsprechend des HGB an einer SE mit Sitz in Deutschland unter dem Gesichtspunkt der Verlegung des Sitzes in das europäische Ausland durchgeführt werden.

1. Die stille Gesellschaft im deutschen Recht

a. Einführung

Die stille Gesellschaft selbst, geregelt in den §§ 230 bis 236 des HGB mit Verweis auf die §§ 705 ff BGB geltend für die Gesellschaft bürgerlichen Rechts ist eine ein bloße Innengesellschaft. Sie entsteht dann, wenn sich jemand an dem Handelsgewerbe eines anderen durch Einlage von Vermögen beteiligt. Eine Beteiligung ist ausschließlich an einem Handelsgewerbe möglich, mithin muss der Inhaber dieses Kaufmann im Sinne des HGB sein[1]. Rechte und Pflichten bestehen nur zwischen dem Inhaber des Handelsgewerbes, an dem sich der stille Gesellschafter durch Vermögenseinlage beteiligt und dem stillen Gesellschafter selbst § 230 Abs. 2 HGB[2]. Es entsteht durch die Gründung der stillen Gesellschaft kein gemeinschaftliches Vermögen, vielmehr geht die Einlage in das Vermögen des Inhabers des Handelsgewerbes über. Zwar findet die stille Gesellschaft ihre Grundlagen im HGB und stellt eine Gesellschaft im Sinne des § 705 BGB dar. Sie betreibt jedoch selbst kein Handelsgewerbe und führt auch keine Firma[3]. Hieraus folgt insgesamt, dass die stille Gesellschaft selbst unter keinen Umständen rechtsfähig ist. Der stille Gesellschafter nimmt gem. § 231 HGB grundsätzlich am Gewinn des Handelsgewerbes Teil, in das die Vermögenseinlage geleistet wurde. Die Beteiligung auch am Verlust ist dispositiv. Stiller Gesellschafter kann jede natürliche oder juristische Person sein, mithin jeder der Träger von Rechten und Pflichten ist. In der konkreten Ausgestaltung der Teilhabe am Handelsgewerbe, sowie der Kontrolle und Mitwirkung durch den stillen Gesellschafter sind die Parteien weitestgehend frei. Das HGB selbst schafft nur ein Mindestmaß an Kontrollrechten, lässt jedoch Raum für eine Ausweitung im Gesellschaftsvertrag „von einem bloßen Widerspruchsrecht über Zustimmungsrechte bis hin zur Geschäftsführungsbefugnis"[4]. Durch eine entsprechende Regelung im Gesellschaftsvertrag kann sogar eine Beteiligung am Gesellschaftervermögen

---

[1] Kübler/Assmann Gesellschaftsrecht 6. Aufl. § 9 Abs. 1 Nr. 1 a)
[2] Baumbach/Hopt Kommentar zum Handelsgesetzbuch 29. Aufl. vor § 105 Rz. 18
[3] BFH-Urteil vom 8.4.2008 (VIII R 3/05, BStBl II 2008, 852).
[4] Baumbach/Hopt Kommentar zum Handelsgesetzbuch 29. Aufl. zu § 230 Rz. 3

erreicht werden. Hier unterscheidet man zwischen einer typischen und einer atypischen stillen Gesellschaft. Die Abgrenzung soll jedoch im Folgenden nicht weitere beleuchtet werden, da sie keine Auswirkung auf die Problemstellung hat und eher steuerrechtlich von großer Bedeutung ist.

Eine Eintragung der stillen Gesellschaft in ein Register ist nicht vorgesehen. Als bloße Innengesellschaft erfordert diese auch keinen Sitz. Der Sitz der stillen Gesellschaft orientiert sich vielmehr am Sitz des Handelsgewerbes, in das die Einlage erfolgte[5].

b. stille Gesellschaft als Innengesellschaft - Stellung des Gesellschafters

Hervorzuheben gilt, dass eine Haftung des stillen Gesellschafters ausscheidet. Die Geltendmachung der Verpflichtung zur Einlage steht ausschließlich dem Inhaber des Handelsgewerbes zu. Ein Risiko entsteht dem stillen Gesellschafter in Höhe der Einlage, denn als Forderung des Inhabers des Handelsgewerbes könnten Gläubiger diese unzweifelhaft Pfänden und Einziehen. Im Außenverhältnis ist der stille Gesellschafter mithin selbst Gläubiger der Gesellschaft mit Gewinnbeteiligung. Dies wird auch durch die Behandlung des stillen Gesellschafters im Falle der Insolvenz deutlich, in der der stille Gesellschafter gem. § 236 HGB die Einlage als Insolvenzgläubiger geltend machen kann. Auch im Rahmen der Auseinandersetzung werden die Ansprüche der stillen Gesellschafter ermittelt. Dies muss aber nicht bedeuten, dass die Auseinandersetzung stets mit einem Zahlungsanspruch des stillen Gesellschafters abschließt. Grundsätzlich kann der stille Gesellschafter bei günstigem Geschäftsverlauf allerdings die Rückerstattung seiner Einlage nebst Auszahlung stehen gelassener Gewinne verlangen[6]. Im Falle der Auseinandersetzung der stillen Gesellschaft sind nur die schuldrechtlichen Beziehungen abzuwickeln, da grundsätzlich kein gemeinschaftliches Vermögen entstanden ist[7].

---

[5] Gesellschaftsrecht 4. Aufl. Karsten Schmidt Seite 47
[6] Gehrlein in Ebenroth/Boujong/Joost/Strohn, Kommentar zum Handelsgesetzbuch 2. Auflage 2008 zu § 235 HGB Auseinandersetzung
[7] Gesellschaftsrecht 4. Aufl. Karsten Schmidt Seite 237

2. Die Societas Europaea

Die SE sozusagen als europäische Gesellschaft, der deutschen Aktiengesellschaft vergleichbar, wurde etabliert um dem Gedanken des einheitlichen europäischen Wirtschaftsraums Rechnung zu tragen. Wegen der gesellschaftsrechtlichen Unterschiede in den einzelnen Mitgliedsstaaten war es Konzernen zuvor nur schwer möglich die Gesellschafterstruktur innerhalb Europas zu strukturieren. Das Institut der SE basiert auf der EG-Verordnung (SE-VO) aus dem Jahre 2001, ergänzt durch die Richtlinie über die Beteiligung der Arbeitnehmer und speziell in Deutschland durch das deutsche Ausführungsgesetz (SEAG) vom 22.12.2004. Vor dem Hintergrund der Fragestellung soll im Folgenden speziell die Möglichkeit der grenzüberschreitenden Sitzverlegung behandelt werden. Vorab gilt ergänzend festzustellen, dass die SE-VO eine Divergenz des Satzungs- und Verwaltungssitzes nicht zulässt, vgl. Art. 7 SE-VO, wonach der Satzungssitz am Sitz der Hauptverwaltung liegen muss.

a. Grundlagen der grenzüberschreitenden Sitzverlegung einer SE

Die grenzüberschreitende Sitzverlegung gem. Art. 8 der SE-VO ermöglicht unter Wahrung der Identität der Gesellschaft den Sitz der SE in einen anderen Mitgliedstaat der EU zu verlegen. In der Literatur ist vom Kontinuitätsprinzip die Rede[8]. Auf Grund der Identitätswahrung kommt es weder zu einer Rechtsnachfolge noch zu einer Vermögensübertragung. Es bedarf mithin keiner Überleitung von Vertragsverhältnissen, keiner Neubestellung des Vorstands oder des Aufsichtsrats und keiner neuen Satzung.

Allerdings führt die Satzungssitzverlegung zu einem teilweisen Statutenwechsel[9]: Art. 9 Abs. 1 Buchst. c SE-VO verweist auf das am jeweiligen Satzungssitz geltende SE-AG bzw. das Aktienrecht des Mitgliedstaates. Die Satzungssitzverlegung führt mithin zumindest teilweise zu einer Änderung des Personalstatuts der SE, die sich insbesondere in den

---

[8] Casper in Spindler/Stilz Kommentar zum Aktiengesetz zu Art. 8 SE-VO Rz. 23
[9] Schröder in Manz/Mayer/Schröder Kommentar zur SE zu Art. 8 SE-VO Rz 5 und 18.

damit einhergehenden Änderungen der Rechtsverhältnisse für die Gläubiger und Aktionäre der SE abzeichnen. Hier sehen Art. 8 SE-VO und §§ 12 ff SEAG Schutzmechanismen zu Gunsten der Gläubiger und Minderheitsaktionäre vor.

3. Folgen der grenzüberschreitenden Sitzverlegung für die stille Gesellschaft

Grundsätzlich gilt zunächst festzustellen, dass die Beteiligung an einem Handelsgewerbe durch stille Einlage auch dann möglich ist, wenn es sich insgesamt um ein Handelsgewerbe handelt, dass keinen Bezug zum Inland hat. Die Voraussetzung eines Inlandsbezugs fordert die Kaufmannseigenschaft der §§ 1 ff HGB nicht[10]. Vielmehr ist zu beurteilen, ob der Kaufmann im Ausland einen nach Art und Umfang in kaufmännischer Weise eingerichteten Geschäftsbetrieb unterhält oder wie die SE in ein dem deutschen Handelsregister vergleichbares Register eingetragen ist.

a. Die stille Gesellschaft als bloße Innengesellschaft

Mit der Entscheidung im Falle Cartesio[11] hielt der EuGH an der Differenzierung zwischen Wegzugs- und Zuzugsfällen fest. Die Mitgliedstaaten sollen auch weiterhin entscheiden, welches Rechtssubjekt sie als Gesellschaften anerkennen und welche Bedingungen an deren Existenz zu knüpfen sind. Auch wenn der Wegzugsstaat, in dem die Gesellschaft ursprünglich wirksam gegründet wurde die Rechtsfähigkeit mit dem Wegzug aberkennt, bleibt es dem Zuzugsstaat nach Auffassung des EuGH unbenommen, diese Rechtsform anzuerkennen. Sie unterfällt dann allerdings allein aufgrund der Anerkennung durch den Zuzugsstaat der Niederlassungsfreiheit; zudem wechselt sie das für sie geltende Gesellschaftsstatut[12]. Ergänzend hierzu ist anzumerken, dass nach dem

---

[10] Pentz in Münchner Kommentar zum Aktiengesetz 3. Auflage 2008 zu § 13d HGB Rz. 10
[11] EuGH Urteil vom 16.12.2008, C-210/06 - Cartesio
[12] Zeitschrift für Wirtschafts- und Bankrecht, Heft 12/2009, S. 536 Der Umzug von Gesellschaften in Europa nach dem Cartesio-Urteil

Urteil des EuGH (Überseering[13]) im Falle des Wegzugs die Rechtsfähigkeit ausländischer Gesellschaften anzuerkennen ist[14].

Für die stille Gesellschaft jedoch gilt, dass wenn eine solche an dem Handelsgewerbe eines ausländischen Rechtsträgers begründet wird, diese reine Innengesellschaft dem internationalen Vertragsrecht und nicht dem internationalen Gesellschaftsrecht unterliegt[15]. Maßgeblich ist hierbei die Beurteilung unter Anwendung dem Rom I- VO, wonach ohne gesonderte Vereinbarung das Recht des Staates, in dem der stille Gesellschafter seinen gewöhnlichen Aufenthalt hat Anwendung findet, sofern nicht aufgrund anderer Vereinbarungen der Ort des Handelsgewerbes als maßgeblich anzusehen ist[16].

Hieraus kann für die aufgeworfene Fragestellung zunächst die Antwort gefunden werden, dass die stille Gesellschaft selbst, trotz der Beteiligung an einer SE mit Sitz im europäischen Ausland und der Annahme des Sitzes der stillen Gesellschaft am Sitz der SE davon ausgegangen werden, dass auf die stille Gesellschaft selbst auch nach der Sitzverlegung das Recht entsprechend des HGB Anwendung findet und der stille Gesellschafter sich auf die Vorschriften den HGB gegenüber der SE berufen kann. Ein statuarischer Sitz der stillen Gesellschaft entfaltet nach h.M. keine materielle-rechtliche Wirkung[17].

Der Gläubigerschutz im Falle des Zweifels an der Durchsetzbarkeit der Rechte des stillen Gesellschafters nach dem HGB soll im Folgenden beleuchtet werden.

b. Folgen der Sitzverlegung auf die Durchsetzbarkeit

Nun ist ergänzend zu den vorhergehenden Ausführungen darzulegen, welche Schutzmechanismen den stillen Gesellschafter im Falle der

---

[13] EuGH Urteil vom 05.11.2002 C-208/00 Überseering
[14] Kompakt-Kommentar Umwandlungsrecht Jürgen Keßler/Manfred Kühnberger Seite 489 Rz. 20
[15] Röhricht./v.Westphalen/v.Gerkan/Mock zu § 230 Rz. 91 a
[16] Bezzenberger/Keul in Münchener Handbuch des Gesellschaftsrechts, Band 2, 3. Auflage 2009 zu § 75 Gesellschafter der stillen Gesellschaft, Rz. 21
[17] Schnittker, Benecke in FR 2010, Seite 566

Sitzverlegung schützen, wenn die nach dem deutschen HGB gewährten Rechte nach der Sitzverlegung nicht durchsetzbar erscheinen.

Dieser Fragestellung möchte ich mich über den Schutz des stillen Gesellschafters im Rahmen einer Verschmelzung nähern. Das betrifft im deutschen Recht unter dem Aspekt des Gläubigerschutzes §§ 22, 23 UmwG, also die Pflicht zur Sicherheitsleistung, wenn Gläubiger eine Gefährdung der Erfüllung ihrer Forderung glaubhaft machen können und die Einräumung einer Rechtsstellung, wie sie vor Verschmelzung bestand. Für eine grenzüberschreitende Verschmelzung finden sich die entsprechenden Regelungen in § 122j UmwG wieder, während die auf die Sitzverlegung einer SE anzuwendenden Vorschriften sich in § 13 SEAG befinden[18].

Im Umwandlungsrecht wurde ein Schutzmechanismus, der auch auf die stille Gesellschaft Anwendung findet über § 23 UmwG etabliert, der wohl als besonderer Gläubigerschutz über § 22 UmwG hinaus zu verstehen ist. Dieser Schutz im Falle der Verschmelzung soll diejenigen Beteiligten treffen, die über die schuldrechtliche Gläubigereigenschaft hinaus ein Interesse in Bezug auf die Verschmelzung haben, mangels Stimmrechten aber hierauf keinen direkten Einfluss nehmen können[19]. Nach h.M. fällt auch die stille Gesellschaft unter § 23 UmwG[20], denn die dortige Aufzählung ist nicht abschließend und darüber hinausgehend sind dem stillen Gesellschafter über ein reines Gläubigerverhältnis hinaus gehende Kontrollrechte entsprechend des HGB, sowie die Gewinnbeteiligung zugesprochen, die eine gewisse Nähe zu den benannten Genussrechten aufweisen. § 23 UmwG verpflichtet den übernehmenden Rechtsträger dem stillen Gesellschafter zum Ausgleich gleichwertige Rechte zu gewähren, wie sie im Zeitpunkt vor der Verschmelzung bestanden haben. Rein schuldrechtliche Verpflichtungen, wie die Auszahlung des Gewinnanteils gehen grundsätzlich wegen der

---

[18] Frobenius: „Cartesio": Partielle Wegzugsfreiheit für Gesellschaften in Europa aus DStR 2009, Seiten 487 ff

[19] Stratz in Schmitt/Hörtnagl/Stratz UmwG, UmwStG, 5. Aufl. 2009 zu § 23 UmwG – Schutz der Inhaber von Sonderrechten Rz. 1

[20] Keßler in Kompakt-Kommentar Umwandlungsrecht Jürgen Keßler/Manfred Kühnberger zu § 23 Rz. 9

Universalsukzession auf den übernehmen Rechtsträger als Verbindlichkeit über und werden durch § 22 UmwG geschützt. Einschränkend für das hier behandelte Problem gilt jedoch auszuführen, dass schon die grenzüberschreitende Verschmelzung diesen § 23 UmwG nicht einbezieht, sondern den Schutz weiterer Gläubiger nur über § 122j UmwG zulässt, der allenfalls an § 22 UmwG angelehnt ist und mithin § 23 UmwG nicht umfasst.

Dieser § 122j UmwG, der allgemein sämtliche Gläubiger der Gesellschaft umfasst, schafft bloß einen monetären Anspruch auf Sicherheitsleistung, sollte der Anspruch auf Erfüllung des Gläubigers dadurch gefährdet sein, dass nach der Verschmelzung die übernehmende Gesellschaft nicht dem deutschen Recht unterfällt[21].

Pendant zu § 122j UmwG, aber keinesfalls zu § 23 UmwG ist die Regelung des § 13 SEAG. Grundlage dieser Regelung ist Art. 8 Abs. 7 SE-VO. Danach wird die Bescheinigung, die für die Eintragung der Sitzverlegung in den entsprechenden Registern erst ausgestellt, wenn die SE nachgewiesen hat, dass die Interessen ihrer Gläubiger angemessen geschützt sind. Maßstab hierfür sind die Anforderungen des Mitgliedstaats, in dem die SE vor der Verlegung ihren Sitz hatte. Kerngedanke des § 13 SEAG ist die Frage, worin die Gefährdung der Gläubiger im Falle der Sitzverlegung besteht. Anders als bei der Verschmelzung geht mit der Sitzverlegung kein Rechtsträgerwechsel und mithin keine Änderung der Vermögenslage der Gesellschaft einher. Die bloße Verlagerung des Satzungssitzes ins das europäische Ausland bedeutet im Grunde noch keine Gefährdung der Stellung der Gläubiger, denn die SE kann gemäß Art. 8 Abs. 16 SE-VO wegen vor der Sitzverlegung entstandener Verbindlichkeiten weiterhin im früheren Sitzstaat verklagt werden.

Eine Gefährdung droht dem stillen Gesellschafter somit aus einer möglichen Vermögensverlagerung, die eine spätere Durchsetzung der Forderungen des stillen Gesellschafters faktisch erschweren könnte. Aus diesem Grund knüpft der Gläubigerschutz nicht an die bloße Sitzverlegung an, sondern setzt eine besondere Gefährdung der monetären Forderung voraus, die dadurch

---

[21] Keßler in Kompakt-Kommentar Umwandlungsrecht Jürgen Keßler/Manfred Kühnberger zu § 122j Rz. 3ff.

nachgewiesen werden kann, dass glaubhaft gemacht wird, dass im Zuge der Sitzverlegung auch bedeutende Vermögensverlagerungen vorgenommen werden oder zu befürchten sind[22]. Das Recht auf Sicherheitsleistung gem. § 13 SEAG besteht lediglich für Forderungen die vor oder bis zu fünfzehn Tagen nach Offenlegung des Verlegungsplans entstanden sind.

Ein Schutz des Entstehens weiterer Forderungen gegenüber dem Handelsgewerbe, durch Zurechnung eines Gewinnanteils und dieser Forderungen des stillen Gesellschafters nach der Sitzverlegung wird durch § 13 SEAG demnach nicht gewährleistet.

Ein Schutz der Rechtstellung des stillen Gesellschafters, wie § 23 UmwG diesen vorsieht erfolgt mithin bei der grenzüberschreitenden Sitzverlegung nicht.

c. Fazit

Vor dem Hintergrund des zuvor dargestellten gilt es abschließend festzuhalten, dass eine weitgehende Ergänzung des Gesellschaftsvertrags über die stille Gesellschaft zwingend erforderlich erscheint, um im Falle der grenzüberschreitenden Sitzverlegung keine Einbußen in der Rechtsposition hinnehmen zu müssen.

Ist dies nicht geschehen, so bleibt als abschließende Möglichkeit, die aber mit der Auseinandersetzung der stillen Gesellschaft einher geht, die zur Gesellschaft bürgerlichen Rechts entwickelten Grundsätze anzuwenden. Denn auch bei dem Fehlen detaillierter gesellschaftsvertraglicher Vereinbarungen, darf der Inhaber des Handelsgewerbes nach den zur Gesellschaft bürgerlichen Rechts entwickelten Grundsätzen im Zweifel die wesentlichen Grundlagen des von ihm betriebenen Handelsgewerbes[23] ohne Zustimmung des stillen Gesellschafters nicht ändern[24]. Diese Grundsätze sind meines Erachtens auch auf die Fälle der Sitzverlegung anzuwenden, da

---

[22] Bundestagsdrucksache 15/3405, Seite 35
[23] Urteil des BGH vom 25. 9. 1963 - V ZR 133/61, BB 1963, 1277
[24] Sedlmayer: Stiller Gesellschafter in der Umwandlung des Geschäftsinhabers DNotZ 2003, 611

hiermit die zuvor angesprochene massive Vermögensverlagerung einher gehen könnte. Der stille Gesellschafter hat sich an dem bestimmten Handelsgewerbe in der konkreten Ausgestaltung, mit bestimmtem Geschäftsbereich, bestimmter Rechtsform und sonstigen bestimmten Grundlagen durch Vermögenseinlage beteiligt. Eine Änderung dieser vorgefunden Grundlagen auf Grund derer er seine Einlage leistete, muss er nur hinnehmen, wenn er dem zustimmt. Deshalb ist der Inhaber des Handelsgewerbes verpflichtet, zur Übertragung seines Handelsgewerbes die Zustimmung des stillen Gesellschafters einzuholen[25]. Hieraus abgeleitet, mithin auch die Zustimmung im Falle der grenzüberschreitenden Sitzverlegung einzuholen.

Die Folgen bei fehlender Zustimmung oder fehlender Einholung der Zustimmung des stillen Gesellschafters zu solche grundlegenden Entscheidungen und Maßnahmen sind allerdings auf das Innenverhältnis zwischen dem stillen Gesellschafter und dem Inhaber des Handelsgewerbes beschränkt. Dies lässt sich durch die Stellung der stillen Gesellschaft als bloße Innengesellschaft begründen. Im Außenverhältnis kann der Inhaber des Handelsgeschäfts daher wirksam die Rechtsform seines Unternehmens ändern, sein Unternehmen oder Teile davon übertragen oder sonstige Entscheidungen über sein Unternehmen treffen, auch wenn der stille Gesellschafter dem nicht zugestimmt hat.

Diesem stehen jedoch aufgrund des Verstoßes gegen die aus dem Gesellschaftsverhältnis abgeleiteten vertraglichen Pflichten gesetzliche Schadensersatzansprüche, sowie gemäß § 723 BGB ein Recht zur Kündigung des Gesellschaftsverhältnisses aus wichtigem Grund zu[26].

---

[25] Schmidt, Handelsrecht, 5. Aufl., 1999, § 8 I 4c zitiert von Sedlmayer: Stiller Gesellschafter in der Umwandlung des Geschäftsinhabers DNotZ 2003, 611
[26] Staub/Zutt HGB Kommentar zu § 230 Rz. 87 und Ebenroth/Boujong/Joost/Gehrlein zu § 234 Rz. 32